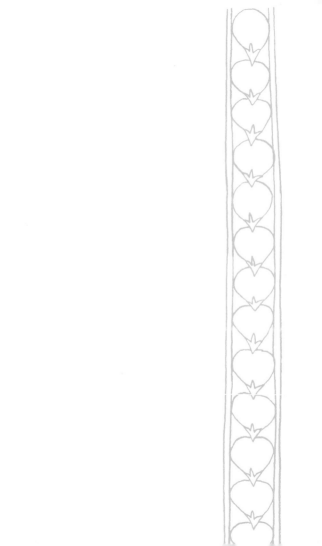

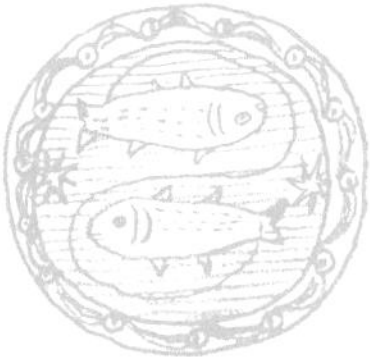

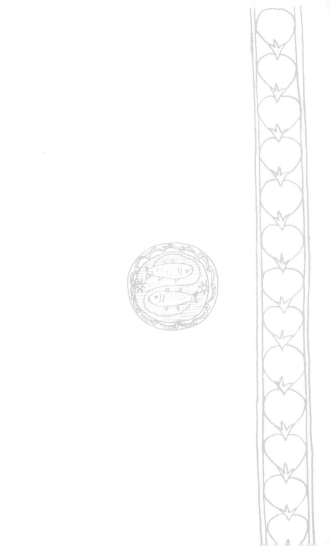

ISHII
YUKARI

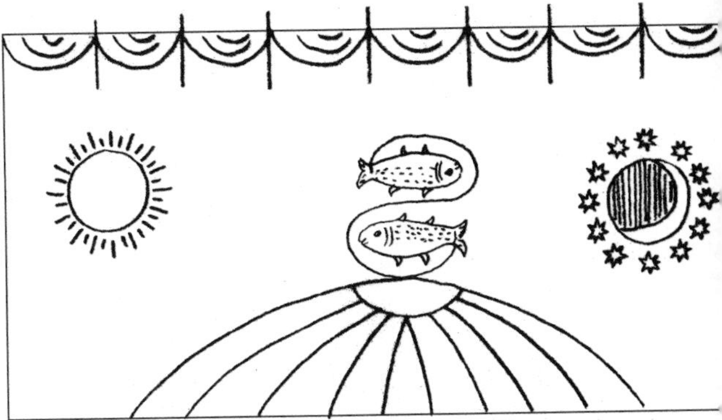

石井緣

雙魚座

PISCES

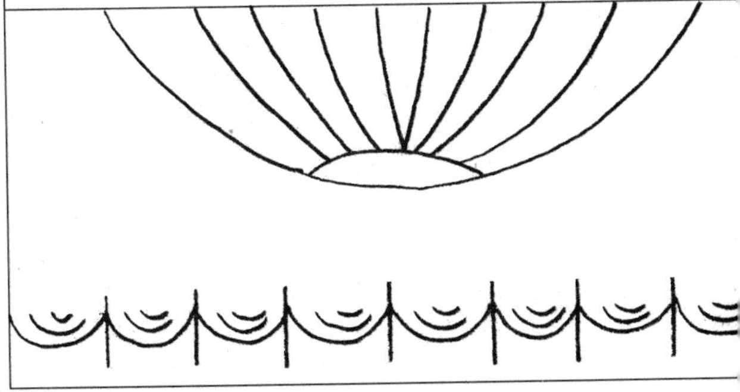

作者／石井緣（Ishii Yukari）

作家。撰寫星座相關訊息與散文，以獨特的文體在不分年齡層的讀者間擁有高人氣。

二〇一〇年設立網站「鍛鍊肌肉」（筋トレ）。充滿情感的文章說明每年與每周的十二星座占卜，點擊率高達七千二百萬人次。

二〇一二年所出版的「十二星座系列」（WAVE出版）銷售超過一百二十萬冊。

另著有《禪語》（PIE International）、《獻給所愛的人》（幻冬社Comics）、《讀夢》（白泉社）等作品。

譯者／陳令嫻

輔仁大學日本語文學系、東京學藝大學研究所畢業，專攻平安朝女流文學，碩士論文爲「《更級日記》における夢」（《更級日記》中的夢）。興趣廣泛，舉凡日本古典文學中的夢到「婚活」、日本社會中的外籍勞工均有關注。譯有《神的記事本1》（角川書店）、《向日葵爸爸》（博漫）等書。現居日本，身兼主婦、外語部門編輯、譯者和生活觀察家數職。

石井緣的星座定義

本書說明雙魚座的世界。

十二星座占卜在現代的社會是大受歡迎的占卜方式，一般認爲是「十二種性格分類」。

但是占星術其實並非如此單純的占卜方式。

十二星座是一種「天空的地圖」，將地球所看到的太陽運行軌道，也就是「黃道」分爲十二等分。太陽、月亮、水星、金星、火星、木星、土星、天王星、海王星和冥王星，這十位太陽系夥伴分別以不同的速度，運行於地圖上。這些星體各自具備朱庇特與維納斯等神明的名字，受到擬人化。另一方面，十二個星座各自所屬的區域就像一個個國家，具備各自的文化與語言。神明來到每個星座就「入境隨俗」，遵守每個星座的文化與語言。

記錄十顆星體在某一瞬間分別位於十二星座某處的圖面就是「星座命盤」。星座命盤是將十二星座視為時鐘的數字盤，十顆星體則是時針。這座時鐘充滿從瞬間邁向未來的種子，判斷這些種子之後如何生長就是占星術。

「我是雙魚座」意味「我出生的時候，太陽位於雙魚座」。太陽代表基本的想法、價値觀和行為模式等等。另一方面，就算太陽位於雙魚座，水星如果位於摩羯座就會使得說話與學習方式「像摩羯座」，如果金星在牡羊座就會使得戀愛方式「像牡羊座」。光靠生日僅能大略判斷太陽的位置，因此儘管生日相同，年齡不同可能代表其他星星都在完全不同的位置。所以身為「雙魚座」的你閱讀本書時，可能會覺得有些部分一點也不符合。

但是太陽畢竟是太陽系的中心，也是我們身邊最大的星體。自古以來，許多人類的文化都視太陽爲神明。如果閱讀本書時能感受到雙魚座的太陽神打從你一出生時就在你身邊，我會非常高興。

★星座的交界★

太陽每年都會在同一時期來到相同位置。因此就算年齡不同，只要生日相同都是「雙魚座」。但是太陽每年移動的時間都會有一兩天的差異。

你可以根據出生年月日和時間，確認自己的太陽星座。請參考本書最後的太陽星座查詢表。

Contents
目錄

雙魚座

雙魚座的風景

雙魚座是十二個星座當中第十二個星座。

換句話說，也就是最後一個星座。

十二星座也可以看作人的一生。

起頭的牡羊座是來到世上的階段，金牛座培育知覺，雙子座學習說話，巨蟹座和身邊的人建立關係……天秤座進入社會獨立，天蠍座與射手座累積經驗，摩羯座確立「社會地位」。水瓶座是脫離社會組織和群體的階段。這大概相當於人類的「退休」，或是「董事長退位之後成爲榮譽董事長」等，離開組織改以個人身分進行社會活動之意。

人類從出生一直到某個年齡，經常在追求「獲得」。童年時是追求知識與體力以成長，出社會之後追求更堅強的實力、權利、財富、人際關係、愛……。我們總是爲了獲得而不斷燃燒生命。退休之後也依舊擁有大量的夢想，例如「想要享受人生第二春」、「站在更自由的立場貢獻社會」、「想告訴年輕世代重要的經驗」等等。

這類「想要得到、想要獲得、想要實現」的夢想在水瓶座達到高峰，之後進入的是雙魚座的世界。

雙魚座的世界和其他星座迥然不同。

雙魚座的世界不是「接受」，而是「給予」。

無論是時間、勞力、權力、愛情，他們不是想要「獲得」，而是「給予」。

教會與寺廟認為大量布施是正確的行為，基督教與佛教更認為最正確的是將所有財產分給貧困的人，自己不留一物。無論是知識淵博的科學家，還是創造各種工作的企業家，在神佛面前沒有任何差別。所有「社會的力量」在宗教中都不具備任何意義。

雙魚座的基礎就建立於這種觀念之上。

世界上當然也有許多充滿野心的優秀商業人士是雙魚座。這些雙魚座的人不但擅長做生意，生命中更是擁有許多美麗的事物和強大的權力。

但是驅使雙魚座行動的原理和其他星座完全不同。雙魚座的人不會因為想要獲得什麼並收納於自己的倉庫中，反而是像魚兒優游於大海當中，那樣讓自己進入某種主題。這種生存方式和其他星座的人大異其趣。

一般人是將外界的事物「帶進自己的世界」；雙魚座的人卻是「嘩啦」地跳進外界的事物當中，自在地優游、進入和定居。因此雙魚座的人不會執著於之前的任何場域，也不會受到束縛。

商業上成功的雙魚座和擅長累積財富的雙魚座應該沒有「儲存」和「掌握」的意識，而是自己跳進商業或金融的世界，只是純粹地不斷體驗和追求那些世界所發生的一切而已。

雙魚座的人關於自我與他人的界線十分模糊。

不太會區分自己與他人，不會吝惜給予，請求別人時也會徹底的請託。當然有時也會覺得難以啓齒或客氣，但是最後的行動不會有任何扭曲。

誠實面對自己的欲望，但是不會強迫別人接受。有些雙魚座任性，但也有些人無我無私。總之你不會「驕傲」，也不會根據「希望大家如此看我」或「非得如此做不可」等他人的眼光而判斷。

雙魚座的人可以無限地溫柔，也能毫不寬貸地嚴格。你的愛情與憤怒幾乎沒有任何限制。

就算有人問我雙魚座是什麼樣的人，我也非常難以分類。因爲雙魚座缺乏「身爲人必須如此」的個人形象，也就是「框架」。

他們不會仰賴頭腦判斷事物，也不介意社會的階級意識與上下關係。容易信任別人，卻又具備深刻透明的美學概念，追求「乾淨」到近乎潔癖的地步。大多數的雙魚座都喜歡動物，動物也喜歡雙魚座。雙魚座能快速地看穿人類的天眞與心靈的美麗，但是有時候甚至會流露容易受騙的「好人表情」，令人大吃一驚。

雙魚座的人重視美麗、純粹與善良，但是對於正義與規定的觀念卻非常薄弱。對於罪犯的悲傷與罪惡的背後抱持強烈的好奇心，判斷事情並不黑白分明。

善與惡、自己與他人、內在與外在、過去與未來、光與影、擁有與沒有、同伴與敵人、男與女。各式各樣的規定、語言和規範意識「切割」了世界。受到分類的世界往往難以跨越。

但是雙魚座是能夠跨越各種「界線」的星座。

小鳥就算處於四周都是柵欄的牧場，牠只要揮動翅膀就能輕鬆地飛越。

世上充滿各種「界線」和「切割」，但是這些之於雙魚座就像包圍小鳥的柵欄。就算關得住羊和馬，卻無法困住小鳥。

廣闊的海洋是穿過各國的通道，而雙魚座的象徵「魚」能自由來去，正代表界線的無意義。

雙魚座的分類

十二星座又分爲好幾個象限。

這裡將從雙魚座所屬的象限分析雙魚座究竟是何種星座。

首先，十二星座可以區分爲「基本宮」、「固定宮」和「變動宮」。

基本宮是季節的開端，擅長開始新事物，充滿活動力。固定宮代表季節最盛的時候，徹底發揮與維持事物最好的部分，討厭變化。變動宮代表換季的時刻，如同名稱般能充滿彈性地來回於變化與維持之間，屬於被動的星座。

雙魚座屬於變動宮。

雙魚座位於兩個季節之間，又稱爲「Double Bodied Signs」（也就是雙元或雙體星座），擅長同時進行兩件以上的工作或是融合創造新的事物。雙魚座的世界經常可見跨領域的活動、同時進行好幾項工作和具備好幾項專長。

十二星座又能分爲「火象星座、土象星座、風象星座、水象星座」。火象星座代表直覺和生命力，土象星座代表五感和物質，風象星座代表思考與交通，水象星座代表感情。每個象限都具備不同的意義。

雙魚座屬於水象星座。

雙魚座懷抱大量的「水＝感情」。感情能夠連結自己與他人，或是自己以外的各種事物。

此外，十二星座又能分為「白晝星座與男性星座」和「夜晚星座與女性星座」。男性星座代表邏輯、相對主義、成果主義、縱向關係、專家等等的概念，女性星座負責絕對評價、跨界、管理、通才、融合等機能。

雙魚座屬於女性星座。因此雙魚座不會以意義、語言、分類和數字乾脆地切割事物，而是具備從零掌握「事物本身」的自由。

屬於雙魚座的地點

雙魚座象徵以下的「地點」。

充滿水分的環境。
噴泉、泉水。
鳥類聚集的地方、充滿魚類的池塘或河川。
草庵、教會。
四周有護城河的宅邸。
水井、水車附近。
水邊的房子。

境。

魚類必須有水才能活下去，雙魚座的心靈也適合充滿水的環境。安靜的環境可以沉靜地安撫人類的悲傷與記憶，轉變爲新的生命力。這種地點也屬於雙魚座管轄。

屬於雙魚座的顏色

發亮的白色。

土耳其藍、海洋藍。

清潔的白色與代表海洋的各種藍色，都是接近雙魚座心靈的顏色。

此外，雙魚座也代表「透明」的形象。

新娘頭上如同白色霧氣的頭紗，正巧符合雙魚座神聖的形象。

其他屬於雙魚座世界的事物

海。
魚。
古代的遺跡、謎題、神祕的事物、祭典、聖地。
最爲神聖的事物、最爲俗氣的事物。
雪紡紗。
線香、香水、蒸餾酒、油類。
薄霧、霧氣、雲霞。
照片、影像、音樂、節奏、詩句、舞蹈。
涼鞋、有跟涼鞋、趾戒、足部治療。
深刻的悲傷、巨大的喜悅、雙方的眼淚。

受傷的心靈、痛苦的純粹美麗。
疼痛與痛苦之中的善良、道德。
十字架、十字架圖案。
醫院、療養院、聖堂。

這一切都是雙魚座國的國民。
屬於雙魚座的你也和它們住在同一個國家。

雙魚座的價値觀

雙魚座價値觀的特徵是任何事物都可能成爲價値觀。

這點和其他星座大異其趣。

有些雙魚座戀愛至上，也有以工作爲重心的雙魚座。有人毫不猶豫地大聲宣告：「我的目標就是賺錢」，也有人把所有的愛帶給全天下的孩子，還有人埋首於學術等專業領域。

但是所有雙魚座的共通點就是不會選擇「準備備案」、「任何事都能無懈可擊地完成」，或是「平均地完成許多事，以滿足父母或老師」等等的選項。

雙魚座只要直覺地認爲「這個好！」或是無法說明卻能領悟

時，就會毫不猶豫地跳進。這種「乾脆」的地方也可以說是一種價值觀。

就算周遭的人說「這不行啦」、「做這個比較好」或是「這根本不實際」，雙魚座的人也不會在意。雖然雙魚座的人也會和其他人商量或討論煩惱，但是幾乎是一開始就已經決定好怎麼做。你的煩惱不是不知道結論，而是到你下定決心認定「這個好」爲止，需要一些時間。因此雙魚座的人看起來似乎優柔寡斷，其實本質卻非常頑固。就算做了彷彿背叛自己的決定，過一陣子就會突然回頭做「自己眞正想做的事」。

所謂世人的眼光和合理性，對於雙魚座一點意義也沒有。乍看之下彷彿流於感情或是一時感情用事，其實事實並非如此。

雙魚座能把生活重心置於各種面向。

雙魚座的人在當下覺得「這是世界上最重要的事」時，那件事就會直接成爲價值觀。形成的契機很多，但多半是來自內心的喜怒哀樂。

雙魚座的視野超乎常人想像，能夠客觀地分析許多事物。能眺望世界，從中選擇最適合自己的事物。乍看之下突兀奇特的選擇，其實隱含意想不到的「眞意」。

雙魚座的人輕鬆地超越「愛」或「和平」等許多人認爲理所當然「重要」的價値觀，將背後所隱含的事物當作自己的眞理。

雙魚座的價値觀也許可以說是「不受價値觀束縛」。

雙魚座的行爲模式

看起來老實乖巧的雙魚座，有時會做出令周遭的人驚訝的行爲；看起來懶散無力，其實熱情奔放。

雙魚座的行爲總是出乎意料。擅長組織衆人，也經常有令人驚豔的表現。

最重要的是雙魚座不會設限「自己應該是這種類型的人」，因此可以依狀況選擇不同的行爲模式。但是雙魚座的選擇並非「依照狀況，配合對方」。

雙魚座的人重視某種普遍性。雙魚座的普遍性和所謂的始終如一與永恆完全不同。

甚至看起來缺乏一貫性，無法預測，毫無道理可循。

但是其判斷與行動背後有著絕不會動搖的根本，如同地下水般源源不絕地流動。

麻煩的是這股如同地下水般的根本，並沒有固定的形狀。

雙魚座的根本也許可以說是善、美或是愛等「關鍵字」，但是這種說法也不完全符合。

例如開悟之後，進入「通融無礙」境界的人難以稱為「善人」或「惡人」。但是當事人心中一定有什麼「絕不改變的事物」，雙魚座心中的普遍性就是類似這樣的事物。

雙魚座可以毫無偏見地觀看事物，單純注意自己內心的想法，直接與觀看的對象溝通。因此雙魚座的行為出乎意料，簡單卻又通用，實際卻又純粹，無法以一般的標準測量。

雙魚座害怕寂寞，總是在找人陪伴，但是有時也會突然一個人邁向未知的國度。雖然嘴巴很毒，卻非常容易感動流淚。乍看之下總是依賴別人，其實總是在統整指揮衆人。看起來很隨便，其實很細心；看起來很謹慎，其實很大方。

衆多面相在雙魚座的世界中毫不矛盾。

儘管平常堅持「自己的做法」，如果遇到打動內心的事件卻會一百八十度改變自己的主張。看見雙魚座的這副模樣，有時候會令周遭的人突然產生新發現。

那就是「至今自己的堅持其實是『本質上毫無意義的事物』」。

雙魚座的人在必要的時候，能夠毫不猶豫地捨棄「本質上毫無意義的事物」。

雙魚座Tips

雙魚座容易與人打成一片。

就算自認「我很怕生」的雙魚座，也能毫不猶豫地接近吸引自己的對象。雙魚座的人能夠不帶警戒心，自然流露感情，因此任何人與雙魚座相處時都能打開心房。就算生活環境與節奏產生變化，雙魚座也不甚在意。

前往祕境探險，或是食衣住行不便，雙魚座也能輕鬆地接受：「情況就是這樣吧」。反而言之，也容易習慣非常奢侈的環境。

無論如何，雙魚座的人是「彷彿在意，其實不在意」自己「非得處於某種環境不可」的人種。

雙魚座就算任性或撒嬌，也不會使人厭惡，甚至還會被他人視爲一種魅力。其他人做起來會令人嫌棄的行爲，雙魚座卻能輕易獲得衆人接納。雙魚座的人不是單方面的接受，也擅長「奉獻他人」。喜歡照顧別人，慷慨大方，特別喜歡讓他人開心。雙魚座可說是「得人疼」的星座。

雙魚座的人非常溫柔，卻不博愛；你會稍微刁難或避開討厭的人，不會爲了「和周遭和平相處」而抹煞自己的心情。

雙魚座的人在借貸方面有些隨便，會無意識地直接借用隔壁的人的筆或橡皮擦，或是吃別人的零食。不在意別人使用自己的東西，所以使用別人的東西並非出於小氣。但是這類「不在乎界線」的個性，容易招來誤會。

雙魚座厭惡的事物

雙魚座最討厭僞善。

比起刻意撒謊，在雙魚座的眼中，認爲自己才正確的僞善者更「壞」。

任性、怠惰、欺騙、說謊、背叛、攻擊甚至是卑怯，只要是人性原有的特質，雙魚座就不會單純地否定。

無論如何否定奸詐、脆弱和卑劣，這一切都是無法忽略的「人性」，以各種形式存在於衆人心中。

當然最好的結果是對抗與戰勝自己的脆弱與邪惡。大家打從心底希望自己能做到，甚至會強行要求別人也要做到。

這個社會上充滿爲了確認自己屬於「善良」的一方，看到他人輸給自己的軟弱而犯下「罪惡」就徹底糾纏的人。

雙魚座會敏感察覺這類的欺瞞。

人類都有軟弱、卑劣和脆弱的部分，所以「犯下」錯誤也是無可奈何。但是最大的問題不在於「發生」邪惡的事，而是閉上眼睛認定自己「一點也不邪惡」的人。這種認定「自己一點問題也沒有」的人在雙魚座眼中，才是最大的邪惡。但是雙魚座的世界中，不會張貼善與惡等邏輯的標籤。

雙魚座「厭惡與拒絕」僞善。

然而雙魚座不是定義僞善爲「惡」，只是覺得僞善的氣味令人嫌惡而遠離罷了。此外，如果強迫雙魚座的人遵循僞善的行爲，他們會化爲鬥士，大發雷霆。到了這種地步，他們會竭盡全力奮戰，不會因爲膽小而選擇盲從的路線。

讓雙魚座自在與侷促的地點

雙魚座完全無法適應消毒殺菌到完全乾淨的環境，或是無機質的金屬辦公室。

喜愛充滿人潮的地方，或是人類的氣息如同海浪來來去去的環境。

咖啡廳、酒吧、有點古老的店家等等過去和未來都會有人存在，可以發現足跡和手印的地點可以讓雙魚座的心情平靜。

亂七八糟或是如同市場般堆積如山的物品，意外地能讓雙魚座的人感到親密。

比起沉穩豪華的場所，樸素無華的氣氛更能讓雙魚座打起精神。

海洋之於雙魚座，就像故鄉。
痛苦時前往海邊覺得恢復精神的雙魚座應該不在少數。

當雙魚座戀愛時

雙魚座的戀愛充滿各種型態，例如短暫的單戀、心靈微妙的動搖、沉溺於感官的羈絆、互舔傷口的依賴關係、青梅竹馬在長跑之下終於修成正果；反而言之也有閃電結婚、長期同居、遠距離戀愛、異國夫妻，或是基於文化因素而組成一夫多妻的家庭。只要是「戀愛」，無論何種形式都可能在雙魚座身上實現。

所謂的「外遇」或是可能遭到朋友與父母反對的戀情，雙魚座也不太會抗拒；或是就算曾經抵抗，只要心動就會輕易邁向「另一邊」。

如果雙魚座認爲「戀愛非得如此不可」，表示那是沒有戀愛經驗的雙魚座。只要談過一次戀愛，雙魚座就能明白「究竟何為戀愛」。戀愛不是根據條件決定，也不會受到規則束縛。挑選戀人不是挑選家電，談戀愛也不像運動比賽一樣重視勝負。這些事情只要談過一次戀愛，雙魚座的人就會明白。

雙魚座的人談戀愛時最重視的只有心動與否。雙魚座的愛情連結愛情的本質，對方的缺點、軟弱或夢幻比起美麗與堅強更是吸引雙魚座的重點。雙魚座的人也希望對方與其喜歡自己的堅強或美麗，不如愛上自己的軟弱或不安。

雙魚座的愛情非常純粹。

深厚的愛情滿足對方的心靈，有時也會激發激情。但是雙魚座的態度多半被動和冰冷。儘管能夠展現無盡的溫柔，卻不太會展現渴求對方或一直希望對方待在自己身邊的攻勢。儘管深深思念對方，雙魚座卻不會展現積極「想要獲得對方」的態度。對照雙魚座愛情的深度，這種消極的態度令人感到不可思議。

雙魚座能原諒對方的所有任性，也能接受對方所有不合理的行爲。周遭的人覺得「這樣你也忍得住？」的打擊，對於雙魚座而言也在「可以接受的範圍之內」。雙魚座如同愛的殉教者，無私地忍耐一切。

另一方面，如果雙方關於生活或人生規畫的「條件」無法吻合，雙魚座的人就會輕易地放棄戀情。這並非代表雙魚座的情感薄弱，而是無論多麼深愛對方，只要覺得條件上無法給予對方幸福，就會爲了對方而放手。

雖然有些人能爲戀情犧牲一切，但是雙魚座戀愛的基本態度是爲了對方做出最大的犧牲。「爲了戀愛而賠上一切」乍看之下是犧牲自我，其實是賭上一切也要獲得對方的終極貪婪。雙魚座的戀情不是爲了獲得對方，而是輕易切割等同於身體一部分的愛情，投入於時間當中。對於戀愛的人而言最爲痛苦的犧牲，雙魚座卻能輕易做到。

心態幼稚的雙魚座就算宣布「分手」，也還是會和同一個對象反覆「分手、復合」。就算宣稱「我已經無法忍耐了，爲了對方好還是分手比較好」，之後如果對方擺出低姿態，或是自己感到寂寞，又會敷衍過去的發言，兩人重歸於好。雙魚座每次都是「來眞的」，周遭的人久了還是會受不了。

雙魚座雖然會爲了戀人而犧牲自己，卻也非常會撒嬌。害怕寂寞又愛撒嬌的雙魚座總是能擺出可愛的表情，展現希望戀人總是待在身邊的純眞心靈。

不會定型，不要求條件，不會受到一般社會價值觀念束縛。不保護自己，也不束縛對方。雙魚座的戀愛不包含任何阻撓戀愛的事物。因此雙魚座的人多半一開始就「對假貨不屑一顧」；或是儘管年輕時經常更換對象，最後還是能成就長長久久的愛情與信賴關係。

雙魚座的人多半很有異性緣。

這裡指的「異性緣」不是周遭起鬨的爛桃花，或是受人討好。雙魚座受歡迎的方式是「讓對方動眞心」，所以經常同時受到好幾個人的眞心告白。

雙魚座失戀的時候雖然會很失落，恢復的速度也很快。

有時候甚至會以商量失戀問題爲武器，對其他對象展開攻勢，可見恢復速度之快。雙魚座的愛情總是純粹直率。他們完全不會擺出低下的姿態，認眞考慮對方的一切。溫柔的他們就連拒絕對方的時候，都會要求自己秉持誠實的態度。

當雙魚座沮喪時

雙魚座沮喪時，會令周遭的人十分擔心。因爲他們的心情低落無窮無盡。無論是悲傷、憤怒、煩躁或失望，在雙魚座世界中都會無限擴張。

許多人在沮喪時，心中還是會有一個角落覺得「我不可以沮喪」、「我不能如此責備自己與他人」或是「我必須早點振作起來」，試圖控制自己的情感。爲自己打氣、鼓勵自己，或是因爲「不可以讓人看到陰沉的表情」而假裝恢復精神。但是雙魚座的世界缺乏「管理自己的悲傷與沮喪」的機能。

他們可以陷入無盡的悲傷。反而言之，應當悲傷卻不悲傷的時候，也會坦率地展現活力。

周遭的人看到雙魚座痛苦的表情會擔心心情如此低落，真的能夠振作起來嗎？但是過一陣子，雙魚座又會「若無其事」地打起精神。

雙魚座的感情起伏非常劇烈，漲潮時會完全淹沒本人，退潮時又會恢復精神。變化之巨大，經常讓大家大吃一驚。但是無論是何種情緒，始終一貫維持「毫無虛假」的態度。

悲傷、心酸與痛苦之於雙魚座，如同潮起潮落。就算巨大的海浪將雙魚座打入人生的陷阱，過一陣子也會恢復風平浪靜的狀態。石頭與砂礫在海浪的研磨之下，反而變得更有光澤。

雙魚座是非常堅強的星座，堅強來自於排除一切的「堅硬」。一般人都會認爲堅硬代表堅強，其實堅硬的東西才脆弱。最爲柔軟的事物才不會受到傷害。

雙魚座具備無限的柔軟，也因此成爲無比堅強的星座。

讓雙魚座發揮才能

雙魚座的才能在於「天眞」。

雙魚座的人不會受到奇妙的偏見影響，例如不想遭到社會輕蔑，想要耍酷或是看起來比別人更好，能夠自然邁向內心期望的方向。

根據父母的要求而選擇人生道路，或是從事社會地位崇高的職業等等「條件」、「外在制約」和「面子與場面話」，不會對雙魚座的人生產生影響。

雙魚座的人能夠毫不在意地進入各種領域。就算是音樂、運動、藝術等等一般人會提出忠告：「光靠這不能過活」的領域，也會認定「我就是想這麼做」而堅持向前邁進；或是自古以來社會地位低落的職業，只要認定「這個工作好」，就會毫不感到羞恥地選擇。

雙魚座不受階級、差別等等，自古以來僵化的社會價值觀限制，選擇真正適合自己的道路，因此才能也能自然地「得以發揮」。

連結人與人之間，跟隨某人學習或是號召衆人，都是因爲雙魚座具備開放的心靈，才能輕鬆辦到。

由於雙魚座不會管理或束縛他人，因此所有人都能在雙魚座之下自由輕鬆地行動。雙魚座看似毫不經意的眼神其實非常仔細地觀察他人。因此能夠抓住重點給予建議，以無人所知的手段引出對方的優點。

儘管雙魚座沒有栽培的意識，卻經常不自覺地栽培身邊的人，正是因爲他們能看到細節引出他人的優點。

雙魚座失敗的傾向

首先雙魚座的世界非常難以定義何爲「失敗」。先從「事後懊悔」的部分來看，雙魚座的後悔多半起因於「沒有上鎖」。

大多數人會爲自己的世界建立柵欄、區隔內外與上鎖。徹底區分內在與外在，採用「內在說眞心話、外在仰賴場面話和禮貌」來溝通。

雙魚座的人多半具備優雅美麗的禮貌，但是卻不像其他人將「眞心話」與禮貌分開。因此會脫口說出不該說的話，侵犯他人的領域或是淨說自己的話題。因爲過度重視重要的事物，結果過於疏忽不重要的事物。過剩的情感會連對方也一併吞噬，結果傷害到別人。

「沒有上鎖的門」會導致他人的擔心，引起誤會，時時引發奇妙複雜的事件。雙魚座比誰都後悔傷害別人與造成他人難過。正因爲雙魚座的人瞭解痛苦與悲傷的極限，因此無法忍受他人心靈的小傷，又因爲他人的傷口而導致自己受傷。

信賴不值得信任的人，以及排除應當信任的人，也是因爲雙魚座人太好而導致的失敗。招致誤解也是因爲雙魚座「沒有區隔內外的鑰匙」。

但是「沒有鑰匙」畢竟也是雙魚座的優點之一。

我實在無法對雙魚座的人說：「如果想要避免失敗，就應當徹底區分內外與上鎖。」沒有上鎖的門和進出門扇的各種善與惡，其實都是豐富雙魚座人生的要素。

雙魚座的魅力和體質

十二星座分別象徵身體不同的部位。

雙魚座負責的部分是腳尖、指尖和所有神經系統。

雙魚座的人喜悅或開心時，最能展現美麗的表情。也許每個星座的人都是如此，但是雙魚座的心靈與表情連結格外直接。

雙魚座必須注意神經痛、痛風與風溼。

另外，可能會出現「原因不明的症況」，這是因爲累積過多壓力，結果導致原因不明的身體不適。

重要的是不要勉強自己，生活上多多注意身體的變化。

支配雙魚座的星星

十二星座各自由不同的星體所「支配」，就像每個星座的國王。

支配雙魚座的是海王星與木星。

海王星代表潛意識的世界、夢、精神性、酒精、藥物、藝術、音樂、節奏、舞蹈、瓦斯、油類和遙遠的世界。

木星代表成長、擴大、豐富、擴張和樂觀等等。

這兩顆星體的性質正是雙魚座的特徵。

雙魚座的神話

某一天，諸位神明正在舉辦熱鬧的宴席時，突然闖進名爲提風的怪物。

所有神明都慌慌張張地逃走，美神愛芙羅黛蒂和兒子厄洛斯也化爲魚形，跳入水中逃走。由於擔心走散，兩人用銀色的繩子綁住彼此的身體。

宙斯後來將兩人化爲魚的形體放至天上，形成雙魚座。因此雙魚座的形象就是兩條魚。

十二星座中的「水象星座」是巨蟹座、天蠍座和雙魚座。水在占星術中代表「感情和潛意識」。

巨蟹座和天蠍座的構造類似，都是「甲殼中包含水或毒」。另一方面，雙魚座不是體內含水，而是自行「嘩啦」地跳入廣闊的水域。

巨蟹座和天蠍座的「水」與外界隔離，只會擴散到身邊的人、所愛的人與想要的人之間。但是雙魚座的「水」沒有限制，如同海洋一般無邊無際，如果把魚拉出水面，魚就會喪失生命。

相較於巨蟹座和天蠍座緊緊保護最重要的水，雙魚座「跳入水中」的形象顯得毫無防備。但是反而言之，巨蟹座與天蠍座若是失去體內有限的水分便會乾枯致死；雙魚座所擁有的水分則是來自外在，不可能輕易乾枯。如同海水不可能喝乾，雙魚座的水也沒有邊際。

感情與心靈無法以尺與磅秤測量。雙魚座的「心靈」無庸置疑，必須以非常龐大的基準來討論。

「魚」自古以來就是耶穌基督的象徵。

因此雙魚座也經常視爲耶穌的形象。如同海洋一般廣闊，瞭解人心的痛苦與悲傷，流淚、死亡、再生和救濟。

耶穌基督象徵愛，愛芙羅黛蒂也是愛神。雙方所代表的「愛」經常被視爲不同的意義，但是眞的能夠如此嚴密地區分嗎？

戀愛與親子的愛不同，家人之愛與愛國心又有所不同。愛的內容與強弱不同，甚至有優劣之分。但是雙魚座的世界似乎沒有這種分別。

愛芙羅黛蒂把自己和孩子用繩子綁起來，而這種「愛」似乎和其他的愛也沒有區別。

雙魚座名言

「船長望向費爾米納・達薩，她的睫毛上閃耀著冬天的初霜。他的目光再度轉向弗洛倫帝那・阿里薩，可以從他的表情感受到絕不動搖的決心與毫無恐懼的愛情。無限的不是死亡，而是生命。雖然是遲來的發現，船長還是不禁因此而遲疑。

『就算順流而下，你們覺得可以持續多久呢？』

弗洛倫帝那・阿里薩在五十三年七個月又十一天前就已經準備好答案。

『直到生命的最後一天。』他如此回答。」

（《愛在瘟疫蔓延時》，新潮社／賈西亞・馬奎斯／木村榮一譯）

以上是雙魚座的作家賈西亞・馬奎斯的作品《愛在瘟疫蔓延時》的最後一幕。

這部作品是描述五十年來持續愛著一名女性，就算對方結婚生子、取得社會地位、老去直到丈夫過世依舊等待對方，直到最後終於墜入愛河的戀愛奇蹟。

弗洛倫帝那・阿里薩和費爾米納・達薩終於在船上幸運地開始交往，如同上述在故事的最後大聲宣布兩人的愛情會持續一輩子。

初戀的膚淺、背叛、憎恨、誤解和欺瞞是所有人的人生中所出現的「現實」，如同派皮一層層地重疊。然而就算對方的模樣已經不同於當初相遇的時刻，弗洛倫帝那還是不斷深愛費爾米納。

作者透過赤裸裸的書寫將這種非現實的愛描繪成「現實」，甚至讓人覺得具備魔法的力量。不僅是「瘟疫時期的愛情」，馬奎斯的「言辭之海」不允許讀者以冷靜的分析者居於事外，而是引領讀者沉溺於自己的作品。

對方踏入婚姻、年老、肉體的衰退、瞭解世事、老成、世人的眼光。根據一般人的想法，以上任何一點都會形成這段愛情的「致命傷」。但是這部故事卻跨越一切，甚至安排橋段以接納、消化與接觸這一切背後所隱含的愛。

雙魚座世界的價值觀與構造，都讓我深深覺得和這個故事的威力相同。衆人認為「想要獲得這個，就只有這個方法」，但是這個條件在雙魚座的世界裡徹底破滅。

五十年以上深愛同一名女性的主題就某種意味而言，就是一種「謊言」。但是小說中設定這個「謊言」爲「眞實」，暴露所謂的謊言不是持續一輩子的愛，而是孕育其他「彷彿現實的現實」的一切才是謊言。雙魚座就是能揭露這種謊言的星座。

雙魚座的揭露不是爲了揭露謊言而存在，而是在發現一般視爲謊言的事物本質時，暴露原本應當是「眞實」的各種世俗謊言。

雙魚座與其他星座的人

「配對」是相當受歡迎的占卜項目。

關於配對有許多說法，例如「聽說雙魚座和射手座最不合」或是「聽說雙魚座和獅子座不合喔」。

但是利用星座命盤所占卜的「緣分」和「配對」，並非如此簡單。如同本書開頭所言，星座命盤描繪了十位神明。所謂的配對占卜是重疊兩人的星座命盤，觀察兩人的十位神明，也就是合計二十位神明的關係。因此單純根據彼此的太陽星座占卜「關係是否良好」，原本是不可能的事。

但是光靠太陽星座也有可以判斷的事情。

那就是「相異點與共通點」。

人際關係的問題多半是出自「我以為對方想的跟我一樣」，或是「對方應該也能和我一樣做到」。如果能瞭解對方與自己根本的「差異」，就不會發生某些摩擦。

我將從以上的觀點來大略分析各個星座與雙魚座的「共通點與相異點」。

牡羊座與雙魚座共通點很少。

牡羊座積極果決，雙魚座柔軟纖細，因此彼此可能覺得對方是異質的存在，但是雙方都個性純粹，「不喜歡場面話」。兩人也都天真無邪，有時甚至會不顧利益而埋頭於喜歡的事物，因此朝向相同目標前進時，可以建立理解彼此的關係。

金牛座與雙魚座可以順利構築關係。

雙方都安靜沉穩，不會勉強拚命。但是金牛座的人重視物質與肉體，感覺敏銳；雙魚座重視精神層面，也許雙方都會覺得彼此「為何如此在意那種事呢？」如果能夠活用這點差異，可以建立活潑的關係。

雙子座與雙魚座同屬變動宮。

雙方都是對於各種領域充滿興趣，十分自由的星座。因為都很想「瞭解對方」，自然會變得親密。但是雙子座喜歡追求嶄新的事物，溝通與交換資訊時都很重視「情報」；雙魚座喜歡傾訴與交流心情。雙子座追求故事，雙魚座追求共鳴。如果能夠理解這點差異，就能建立給予彼此所需事物的關係。

巨蟹座與雙魚座都是水象星座。

雙方都具備連結情感的價值觀，容易瞭解彼此。但是巨蟹座嚴格區分「內在」與「外在」，雙魚座習慣把內外混爲一談。因此容易產生誤解。如果雙魚座能夠理解巨蟹座「地盤」的感覺，巨蟹座也能理解雙魚座開放的想法，兩人就能建立堅強的羈絆。

獅子座和雙魚座絲毫沒有共通點。

獅子座重視自我主張，不願暴露弱點；雙魚座毫無防備，不加修飾地邁向世界。獅子座覺得雙魚座神祕不可思議；雙魚座覺得獅子座無法捉摸，冷酷而又冰冷。但是雙方都具備「愛美之心」。如果能藉由喜愛美的感性而結合，應該能輕易地認同雙方的差距。

處女座和雙魚座非常相似。

處女座感性強烈，同時也非常現實，重視物質，要求具體。雙魚座關注神祕的事物與遠方的世界，從感情與精神層面觀察世界。雙方都具備敏銳的感受和應變能力。處女座雖然個性淡薄卻不薄情，雙魚座儘管追求肉眼看不到的事物卻不會忽略現實。如果能夠瞭解這點，就可能形成完美的組合。

天秤座和雙魚座沒有任何共通點。

天秤座重視邏輯，需要長時間思考；雙魚座以情感直接判斷。天秤座必須考量所有可能性，雙魚座不會從未來推算現在。儘管雙方差距如此巨大，卻都具備對於「他人」無盡的溫柔，無償地付出時間與勞力。如果雙方的共通點能夠吻合，相異點反而能形成互補。

天蠍座與雙魚座都是水象星座，具備許多共通點。彼此都不會受限於僵化的理論與輕薄的正義，自由地探索人類的生存方式。雙方都具備高度的理解力，瞭解人類的悲傷與痛苦，也經常站在拯救他人的立場行動。但是天蠍座的思考偏向「獨占」，雙魚座卻無法理解這點。如果能瞭解彼此追求對象的差異，就能建立非常穩固的關係。

射手座和雙魚座都屬於變動宮。

射手座喜愛冒險和旅行，雙魚座也喜歡「未知的世界」，雙方都是喜歡國外旅行的星座。兩人如果建立起「旅行夥伴」的關係，儘管有些危險卻什麼地方都能去。會說「有些危險」是因爲射手座與雙魚座都非常樂觀，只要雙方都能意識到危機管理的重要，可以建立起非常愉快的關係。

摩羯座與雙魚座相處非常順利。

摩羯座認眞誠實的態度和愼重積極的姿勢，足以讓雙魚座投注愛情、夢想、理想與希望。摩羯座一心一意追求目標的時候，雙魚座也能溫柔地接納摩羯座的疲倦與孤獨，並且能幫助摩羯座與周遭的人溝通。因此兩人可以互補，互相尊重。

水瓶座和雙魚座不太有共通點。

水瓶座重視邏輯，講求合理；雙魚座比起邏輯與合理，更重視其他事物。但是雙方的共通點在於「獨特的想法」與「容易招致周遭的誤會」。因爲想法與行動過於獨特，因此缺乏「理解者」。此外，水瓶座與雙魚座的理解能力比其他的星座規模更大，範圍更廣，因此應該可以馬上理解對方奇特的部分。

理解雙魚座的人

眞正重視你的人應當瞭解，那些時時打擊你的徒勞心情。

沒有人能夠瞭解你爲了他人是多麼犧牲自己。

埋頭於衆人所輕視的事物，進入大家所忽視的環境，你總是拯救即將在那裡死亡的事物。儘管你總是在不爲人知的救援活動中拯救衆多生命，卻經常無人發現。

你能夠毫不吝惜地給予他人一切。

不僅是自己的時間與勞力，甚至連名字與尊嚴都能給予對方。你幾乎沒有「只有這個不能給」的堅持。然而你的「給予」

向來都是單程票，因爲你從未期待有任何回報。

這種情況下，有時你也會感到徒勞與孤獨。

但是你的疲倦不知爲何，多半是藉由你所支付的行爲而恢復。就連你自己也覺得不可思議，爲何付出一切能帶給你如此強大的力量。

你的心靈具備如此不可思議的構造，但是光憑你自己的力量也無法解除的渴望總在你內心蠢蠢欲動。

眞正重視你的人同時瞭解你心靈的豐富與飢渴，能夠一邊接受來自你的豐富愛情，一邊遞給你解除心中飢渴的水杯。

對方應該隨時都能以相同的溫暖與大方，接納你的隨意、認眞、獨特的審美眼光、雜亂、無限的溫柔與孤獨。

雙魚座的小孩

母親與小孩的個性截然不同的話，可能會造成母親不安或是不斷否定批判孩子。因此瞭解母親與孩子個性的差異非常重要。

但是依靠「占星術」瞭解孩子並非好事，可能會無意間將小孩的可能性、個性與適性定型。我不贊成透過觀察小孩現狀以外的方式分析孩子爲何種人。

此外，占星術認爲分析小孩的個性不是藉由太陽星座，而是根據月亮或是金星星座。母親的月亮星座經常反映在孩子身上。星座命盤當中，「月亮星座」同時象徵「母親」與「童年」。

因此光憑太陽星座無法確認小孩的個性。

希望大家瞭解上述的前提之後，再來閱讀以下關於雙魚座的孩子容易出現的傾向。請大家瞭解下述的說明可能有一部分符合，也有可能完全不符合。

每個孩子都有自己的個性。

希望大家能夠理解，孩子的個性不是光憑占星就能瞭解。

雙魚座的孩子天眞無邪，特別容易受人疼愛。他們格外容易遇到疼愛自己的人，多半是由祖父母所撫養長大。從小受到周遭的疼愛而長大，自然培養出不吝惜給予的性格。

雙魚座是需要眞正的「撒嬌」的星座。

體驗過眞正的撒嬌，心靈獲得滿足的雙魚座小孩長大之後自然不再撒嬌，學會自立自強。如同加滿油的車子自然會開離加油站一般，他們也會自然地邁出步伐。雙魚座的任性、情感波動、有趣的言行和可愛全都值得他人接納。

小孩是雙魚座的媽媽看到這裡如果覺得自己沒辦法愛孩子或是喜歡孩子，也毋須擔心。只要儘量給予他們肢體接觸，和他們一起笑一起哭就好。就算對他們發脾氣或是發洩怒氣，事後覺得後悔的時候也請在他們的面前哭泣。在雙魚座的孩子面前表達情感是件好事。如果你是不擅長表達情感的人，雙魚座的孩子將會成為打開隱藏於你心靈之中情感的「鑰匙」。

未來

這裡稍微說明由雙魚座所看到的「今後」。

二〇一三年後半到二〇一四年是充滿愛的季節。許多人可能會在此時投入創作活動或是迎接新生命。

二〇一五年到二〇一六年的活動重點在於伴侶與人際關係。此時會遇到重要的人，讓你注意到「繫絆」的重要。

二〇一七年到二〇一八年是想要學習與旅行的時期。應該很多人會在此時擴大行動範圍，開拓新的專業領域。

二〇一八年到二〇一九年是提升工作地位的時期。許多人的社會地位會在此時大幅轉變，力量朝外部延伸。例如自行創業或者負責大型專案。

二〇二〇年是你描繪巨大夢想的時期。

雖然不知道是什麼樣的夢想，但是二〇〇九年到二〇一〇年之間所完成的事會有力地支援夢想。二〇一〇年到二〇二〇年之間所蓄積的「力量」，會在此時會爲你打開一扇嶄新巨大的門。

結語

「你相信占卜嗎？」

這個問題之於人類，是具備某種普遍性的疑問。

占卜在目前不具備任何值得信任的根據。雖然嘗試使用統計證明，但是卻無法清楚證明其正確性。佛教、基督教和伊斯蘭教教義都明確規範「不得占卜」。我儘管從事占星的工作，卻也不覺得占卜值得「相信」。

但是無論理性如何否定，占卜依舊扎根人類的生活中，綿延不息。

許多人問我：「這是因爲受到星星的影響嗎？」

所謂「星星的影響」是建立於「星星距離我們非常遙遠，原本應該無關」的前提上。

我們認爲就算「自己」離開社會，生活中依舊會受到外界的各種影響；同時也相信自己與他人活在完全不同的人生與時間當中。

但是我想所謂的「外在」並不如我們所想像的如此「外在」。我們不是因爲時鐘的影響而睏倦或飢餓，時間也不是因爲時鐘的影響而前進，時針也不是受到太陽的影響而移動。但是人類、太陽與時鐘卻活在同一個時間當中，我們實際上也是如此連結。

偏重合理的思考分隔我們與世界的連結，占星術則是一種可以悄悄恢復彼此關聯的奇妙工具。

因此許多人儘管口頭上說「我才不相信占卜」，獨處的時候卻還是悄悄地接觸也說不定。

太陽星座查詢表

（1930 年～ 2013 年／台灣時間）

太陽進入雙魚座的時間整理如下。
在此時間以前爲水瓶座，在此時間之後爲牡羊座。

誕生年	進入雙魚座的時間
1948	2/20 01:36~3/21 00:56
1949	2/19 07:27~3/21 06:47
1950	2/19 13:17~3/21 12:33
1951	2/19 19:10~3/21 18:25
1952	2/20 00:56~3/21 00:12
1953	2/19 06:41~3/21 05:59
1954	2/19 12:32~3/21 11:52
1955	2/19 18:18~3/21 17:34
1956	2/20 00:05~3/20 23:20
1957	2/19 05:58~3/21 05:15
1958	2/19 11:49~3/21 11:05
1959	2/19 17:38~3/21 16:54
1960	2/19 23:26~3/20 22:41
1961	2/19 05:17~3/21 04:31
1962	2/19 11:15~3/21 10:29
1963	2/19 17:08~3/21 16:19
1964	2/19 22:56~3/20 22:08
1965	2/19 04:48~3/21 04:04

誕生年	進入雙魚座的時間
1930	2/19 17:00~3/21 16:29
1931	2/19 22:41~3/21 22:06
1932	2/20 04:29~3/21 03:53
1933	2/19 10:17~3/21 09:42
1934	2/19 16:02~3/21 15:27
1935	2/19 21:52~3/21 21:17
1936	2/20 03:33~3/21 02:56
1937	2/19 09:21~3/21 08:44
1938	2/19 15:20~3/21 14:42
1939	2/19 21:10~3/21 20:28
1940	2/20 03:03~3/21 02:22
1941	2/19 08:57~3/21 08:20
1942	2/19 14:47~3/21 14:09
1943	2/19 20:40~3/21 20:01
1944	2/20 02:27~3/21 01:47
1945	2/19 08:15~3/21 07:36
1946	2/19 14:09~3/21 13:31
1947	2/19 19:52~3/21 19:12

誕生年	進入雙魚座的時間
1990	2/19 06:13~3/21 05:18
1991	2/19 11:57~3/21 11:00
1992	2/19 17:43~3/20 16:46
1993	2/18 23:36~3/20 22:40
1994	2/19 05:21~3/21 04:27
1995	2/19 11:11~3/21 10:14
1996	2/19 17:00~3/20 16:02
1997	2/18 22:51~3/20 21:54
1998	2/19 04:54~3/21 03:53
1999	2/19 10:45~3/21 09:44
2000	2/19 16:33~3/20 15:33
2001	2/18 22:27~3/20 21:30
2002	2/19 04:12~3/21 03:15
2003	2/19 10:00~3/21 08:59
2004	2/19 15:49~3/20 14:47
2005	2/18 21:32~3/20 20:33
2006	2/19 03:24~3/21 02:24
2007	2/19 09:08~3/21 08:05
2008	2/19 14:49~3/20 13:46
2009	2/18 20:46~3/20 19:42
2010	2/19 08:25~3/21 11:23
2011	2/19 08:26~3/21 07:21
2012	2/19 14:19~3/20 13:15
2013	2/18 20:03~3/20 19:02

誕生年	進入雙魚座的時間
1966	2/19 10:37~3/21 09:51
1967	2/20 16:23~3/21 15:35
1968	2/19 22:09~3/20 21:20
1969	2/19 03:55~3/21 03:07
1970	2/19 09:42~3/21 08:55
1971	2/19 15:27~3/21 14:37
1972	2/19 21:10~3/20 20:19
1973	2/19 03:01~3/21 02:11
1974	2/19 08:58~3/21 08:05
1975	2/19 14:49~3/21 13:55
1976	2/19 20:39~3/20 19:48
1977	2/19 02:31~3/21 01:41
1978	2/19 08:21~3/21 07:33
1979	2/19 14:12~3/21 13:21
1980	2/19 20:01~3/20 19:08
1981	2/19 01:51~3/21 01:01
1982	2/19 07:45~3/21 06:54
1983	2/19 13:30~3/21 12:37
1984	2/19 19:16~3/20 18:22
1985	2/19 01:08~3/21 00:13
1986	2/19 06:58~3/21 06:02
1987	2/19 12:49~3/21 11:51
1988	2/19 18:35~3/20 17:38
1989	2/19 00:20~3/20 23:27

(CBC0143)
8-957-13-6054-6
)
占星術
292.22 103015537

命理與人生
CBC0143

認識眞正的你—雙魚座

作者—石井緣
繪者—須藤碧悟
譯者—陳令嫻
責任編輯—楊佩穎
台灣版美術設計—徐小碧
校對—楊佩穎、吳美滿
執行企劃—張燕宜、林倩聿
董事長—趙政岷
總經理
總編輯—余宜芳

出版者—時報文化出版企業股份有限公司
（一〇八〇三）台北市和平西路三段二四〇號四樓
發行專線—（〇二）二三〇六—六八四二
讀者服務專線—〇八〇〇—二三一—七〇五
（〇二）二三〇四—七一〇三
讀者服務傳眞—（〇二）二三〇四—六八五八
郵撥—一九三四四七二四時報文化出版公司
信箱—台北郵政七九～九九信箱
時報悅讀網—www.readingtimes.com.tw
電子郵件信箱—ctliving@readingtimes.com.tw
時報出版臉書—https://www.facebook.com/readingtimes.fans
時報出版生活線臉書—http://www.facebook.com/ctgraphics
法律顧問—理律法律事務所 陳長文律師、李念祖律師
印刷—盈昌印刷有限公司
初版一刷—二〇一四年十月九日
定價—新台幣二二〇元
行政院新聞局局版北市業字第八〇號

Pisces